AF202150

Städte
Wie wir dort gut leben können

GABRIEL

Weitere Bücher in der Reihe »Unsere Welt«:
Ozeane – Was sie so einzigartig macht
Wälder – Warum wir sie zum Leben brauchen

Mehr über unsere Bücher, Autor:innen und Illustrator:innen auf:
www.thienemann-esslinger.de

Spilsbury, Louise / Le, Khoa:
Städte – Wie wir dort gut leben können
ISBN 978 3 522 30663 8

Aus dem Englischen von Susanne Klein

Text: Louise Spilsbury
Illustrationen: Khoa Le
Einbandtypografie und Logo: Doris Grüniger, Buch und Grafik, Zürich
Innentypografie: Tanja Haaf
Reproduktion: HKS-Artmedia GmbH, Ostfildern-Kemnat

Die Originalausgabe erschien unter dem Titel »Our Cities« 2024 bei Franklin Watts,
an imprint of Hachette Children's Group, Part of Hodder and Stoughton, Carmelite House,
50 Victoria Embankment London EC4Y 0DZ
An Hachette UK Company
Copyright © Hodder & Stoughton 2024

LOUISE SPILSBURY
KHOA LE

STÄDTE

Wie wir dort gut leben können

Aus dem Englischen
von Susanne Klein

Mehr als die Hälfte aller Menschen leben in Städten.
Deshalb gibt es überall auf der Welt Städte mit vielen
Häusern. Manche Städte sind riesig, andere sind eher
kleiner. Eine Stadt ist meist voller Menschen und es
ist immer etwas los.

In den Städten werden Menschen mit allem versorgt, was sie brauchen. Man kann dort auch viel Spaß haben. Und eine überraschend große Zahl von Wildtieren teilt sich die Stadt mit uns!

Wenn Städte wachsen, werden in der Umgebung weitere Häuser in die Natur gebaut. Also passen sich die Wildtiere an und lernen, in der Stadt zurechtzukommen.

Vögel bauen ihre Nester hoch oben auf den Vorsprüngen von Häusern. Tauben picken Krümel vom Boden auf. Füchse finden Unterschlupf in Hohlräumen und Nischen. Auf der Suche nach Essensresten streifen sie durch die Straßen. Dachse stoßen Mülltonnen um. Dann reißen sie mit ihren kräftigen Krallen Abfalltüten auf, um an Futter zu kommen.

In den meisten Städten gibt es Parks mit Rasenflächen, Bäumen und Teichen. Auch dort leben Tiere.

Enten ernähren sich von Wasserpflanzen in den Teichen. Kaninchen hoppeln über die Wiesen, um Gräser zu fressen und ihren Bau zu graben. Eichhörnchen huschen umher, sie sammeln Nüsse und Samen. Einige Tiere sind scheu und schwer zu entdecken. Rehe verstecken sich hinter Bäumen und Gebüschen, wo sie an Blättern knabbern.

In den Städten wird viel Abfall produziert, der zu Mülldeponien gebracht wird. Hier fressen sich Fliegen satt und legen ihre Eier in verdorbenen Lebensmitteln ab, in denen sich auch Würmer tummeln. Käfer fressen die Würmer.

10

Möwen sammeln sich in Schwärmen über den Mülldeponien. Sie fressen sämtliche Essensreste. Habichte stoßen herab und schnappen sich Mäuse und Ratten. Auf manchen Müllhalden nutzen hungrige Waschbären ihre langen Finger, um nach leckeren Abfällen zu suchen.

11

In einer Stadt kannst du viel unternehmen. Du kannst Museen, Parks, Sportstadien, Kinos, Theater und religiöse Bauwerke besuchen. Außerdem gibt es Schulen, Krankenhäuser und viele andere wichtige Einrichtungen, die wir brauchen. Mit Bussen, Straßenbahnen und Zügen bewegen wir uns durch die Stadt.

In einer Stadt leben viele verschiedene Menschen nah beieinander.
Deshalb gibt es jede Menge andere Kinder, mit denen du spielen,
lachen und von denen du etwas lernen kannst.

Städte brauchen sehr viel Energie. Wir nutzen Öl, Kohle und andere Brennstoffe, damit wir mit Autos und Bussen fahren können. Aber auch, um die Städte zu beleuchten und um Computer und andere Maschinen zu betreiben. Beim Verbrennen gelangen Gase in die Luft.

Diese Gase legen sich
wie ein Mantel um die Erde
und binden zu viel Wärme.
Dadurch ändert sich das Klima,
es wird wärmer. Dieser Klimawandel
ist der Grund für viele Probleme.

Weil sich die Erde immer weiter aufheizt, kann der Sommer heißer sein und länger dauern. Die vielen Lichter, Autos und Häuser machen die Stadt noch wärmer. Manchmal wird es so heiß, dass der Asphalt auf den Straßen schmilzt!

Zu große Hitze schadet uns, denn starkes Schwitzen entzieht unserem Körper viel Wasser. Das kann uns krank machen. Halte dich deshalb an einem kühlen Ort auf und trinke viel Wasser!

Durch den Klimawandel werden Unwetter häufiger und stärker. Heftiger Platzregen kann Straßen überfluten. Solche Überschwemmungen richten oft großen Schaden an.

Die Wassermassen reißen Menschen und Autos mit. Tiere können ertrinken. Weil alles überflutet ist, sitzen die Menschen ohne Strom und Essen in ihren Häusern fest. Ist das Wasser schmutzig, breiten sich manchmal Krankheiten aus.

Die zunehmende Wärme lässt große Eismassen auf der Erde schmelzen. Sie heißen Gletscher. Das Wasser der schmelzenden Gletscher fließt ins Meer. Durch das zusätzliche Wasser dehnen sich die Meere weiter aus.

Wenn das Wasser der Meere immer höher steigt,
ist das eine Gefahr für Städte, die nah am Meer
erbaut sind. Denn es bedeutet häufigere und
stärkere Überschwemmungen. Viele Menschen
könnten ihr Zuhause verlieren. Einige Städte
werden vielleicht sogar ganz überflutet!

21

Die gute Nachricht ist, dass wir etwas tun können, um den Klimawandel zu verlangsamen. Nimm das Fahrrad oder geh zu Fuß, statt mit dem Auto zu fahren. Das macht mehr Spaß, hält dich fit und spart Benzin!

Oder du nutzt den Bus, den Zug oder die Straßenbahn. Wenn sich viele Menschen ein Fahrzeug teilen, gibt es weniger Verkehr auf den Straßen. Vielleicht lernst du dabei sogar andere Kinder kennen!

Man braucht viel Energie, um neue Sachen
wie Kleidung oder Handys herzustellen.
Versuche, länger mit den Dingen auszu-
kommen, die du schon hast. Zerrissene
Kleider lassen sich oft flicken und kaputte
Geräte kann man reparieren.

Gebrauchte Sachen zu kaufen, ist eine sehr gute
Idee. Es ist billiger und hilft unserem Planeten.
Du kannst auch deine Spiele, Bücher und andere
Dinge mit deinen Freunden tauschen oder teilen.

25

Parks und andere Grünflächen sind sehr wichtig für die Städte.
Sie reinigen die Luft und machen die Stadt lebenswerter.
Hilf mit, indem du im Garten, auf dem Spielplatz oder auf
Brachland Pflanzen ziehst und ihnen regelmäßig Wasser gibst.

Mehr Büsche und Bäume spenden bei großer Hitze Schatten. Sie sorgen für ein kühleres Klima und frische Luft in Städten.

Es ist besonders toll, wenn du noch andere Menschen davon überzeugen kannst, etwas zur Rettung der Erde zu tun. Sprich mit deiner Familie darüber, was ihr gemeinsam machen könnt, um den Klimawandel zu verlangsamen.

Geh nach draußen und genieße das, was unsere Erde zu bieten hat! Wenn wir uns an unserer Welt freuen und merken, wie wichtig sie uns ist, werden wir auch alles tun, um sie zu schützen.

GLOSSAR

Bau Höhlen oder Tunnel im Erdreich, die von Tieren gegraben werden, um darin zu leben.

Brennstoff Rohstoffe wie Kohle, Gas oder Öl, die verbrannt werden, um Energie zu gewinnen.

Energie Eine Kraft, die wir nutzen, um Licht und Wärme zu erzeugen. Aber auch, um Maschinen zu betreiben.

Gas Ein Stoff, der wie Luft ist und keine feste Form hat. Einige Gase sind Brennstoffe, die verbrannt werden können.

Jahreszeit Ein Abschnitt des Jahres. In vielen Teilen der Welt gibt es vier Jahreszeiten: Frühling, Sommer, Herbst und Winter.

Klimawandel Veränderungen der Temperaturen und des Wetters auf der ganzen Welt.

Nest eine Art Schale, die Vögel meist aus Zweigen bauen, um darin ihre Eier abzulegen und auszubrüten.

Nuss Eine meist essbare Baumfrucht, die in einer harten Schale oder Hülse eingeschlossen ist.

Samen Oft sehr kleine, feste Bestandteile einer Pflanze, aus der neue Pflanzen wachsen.

Schwarm Eine größere Gruppe von Vögeln.

Überschwemmung Wenn Landmassen von Wasser überflutet werden.

Unwetter Eine Wetterlage mit starken Winden und heftigen Regen- oder Schneefällen.

FINDE MEHR HERAUS

www.bund-naturschutz.de
www.transforming-cities.de
www.bpb.de
www.umweltbundesamt.de

WERDE AKTIV

Schaffe dir Pflanzen an! Stelle sie auf die Fensterbank oder den Balkon, um Schmetterlinge und Bienen oder Hummeln anzulocken.

Beobachte Vögel! Sieh aus dem Fenster – welche Vögel kannst du entdecken? Besorge dir ein Buch, in dem du nachschlagen kannst, wie die Vögel heißen.

Pflanz Gemüse oder Kräuter an! Und verwende sie beim Kochen.

Geh auf Pilz-Safari! Suche in einem Park nach essbaren und giftigen Pilzen. Sie wachsen oft auf vermoderten alten Baumstämmen. Aber nicht anfassen!

Achte auf die Natur um dich herum! Lausche dem Blätterrauschen und den Vögeln, die über dich hinwegfliegen. Schau dir die Blumen und das Unkraut an, die in Mauerritzen, auf dem Gehweg oder in Gärten wachsen. Atme den Duft der Blumen und den Geruch der Luft um dich herum ein.

Erforsche winzig kleine Lebensräume in der Stadt! Halte Ausschau nach Moospolstern, Marienkäfern und anderen Insekten. Schreibe oder zeichne, was du siehst und gestalte daraus ein Buch, wenn du möchtest.

REGISTER